Irmgard Keun · Als ich Bazillenträger war

Irmgard Keun

Als ich Bazillenträger war

Bilder: Käthi Bhend

Otto Maier Verlag Ravensburg

CIP-Kurztitelaufnahme der Deutschen Bibliothek

Keun, Irmgard:
Als ich Bazillenträger war / Irmgard Keun.
Bilder: Käthi Bhend. –
Ravensburg: Maier, 1985.
ISBN 3-473-34305-6

5 4 3 2 1 88 87 86 85

Das Umschlagmotiv entstand nach der Vorlage „Gisela, ‚Kaufkraft‘“, S. 30, aus dem Beltz und Gelberg Jahrbuch „Menschengeschichten“, 1975.

Die Zeichnungen auf Seite 13 und 16 wurden mit freundlicher Genehmigung auf der Grundlage von Fotos aus dem Privatbesitz von Frau Keun – Geburtig angefertigt.

Die Abbildungen auf den Seiten 51, 102 und 106 entstanden auf der Grundlage von Mikrofilmen aus der zeitgeschichtlichen Sammlung des Historischen Archivs der Stadt Köln.

Gesamtherstellung: Mohndruck, Gütersloh
Printed in Germany
ISBN 3-473-34305-6

Ein *Vorwort*, das kein *Vorwort* sein möchte …

Seit drei Tagen kaue ich auf meinem Daumennagel. Auf meinem linken. Weil ich ein Vorwort schreiben soll. Zu dem Buch von der Irmgard Keun, das ihr gerade in den Händen habt. Schreiben tu ich gerne. Schreiben ist mein Beruf. Genauer gesagt, Kinder-Bücher-Schreiben ist mein Beruf. Ein Vorwort aber habe ich noch nie geschrieben. Wie fängt man denn da an? Und wie hört man auf? Und was schreibt man mittendrin? Ich lese nämlich auch nie Vorworte. Oder Vorwörter? Also, die lese ich auch nicht. Weil ich nämlich lieber gleich das lesen möchte, was der Autor mir erzählt. Weil ich darauf neugierig bin, wenn ich ein Buch aufschlage. Und nicht auf das, was vorher schlaue Leute meinen mir sagen zu müssen, damit ich ja auch alles richtig verstehe. Ich meine halt, wenn ich was nicht verstehe, dann kann ich ja in klugen Büchern nachschlagen. Und einen Mund zum Fragen habe ich auch. Ich denke, euch geht es genauso.

Ich hoffe, euch geht es genauso! Weil, wenn man liest, erfährt man viel. Und wenn man fragt, erfährt man noch ein bißchen was dazu ...
Ich hab auch gefragt, nämlich: Wie schreibt man denn ein Vorwort, wenn man eigentlich gar keines schreiben möchte?
„Man läßt es!" hat man mir gesagt, „andere können es bestimmt!" Da habe ich den Kopf eingezogen und mit dem Daumennagel-Beißen erst richtig angefangen.
Nun gerade, hab ich gedacht, blöder als andere mag ich nicht sein.
Und ich hab nachgedacht:
1. Ein Vorwort darf nicht zu lang sein!
Prächtig, hab ich gedacht, das läßt sich machen. Lange Sachen schreibe ich sowieso nicht gerne.
2. Im Vorwort wird was aus dem Buch erzählt.
Hmmm, hab ich gedacht, das Buch lesen doch die Kinder selber. Wenn ich denen vorher schon alles verrate, dann ist ja die ganze Spannung weg. Also, das mache ich lieber nicht.
3. Im Vorwort wird was von dem Autor erzählt.

Ja so, hab ich gedacht, das kann ich schon machen. Von der Irmgard Keun weiß ich ein bißchen was. Die mag ich nämlich sehr gerne. Von der habe ich alles gelesen, was es zu lesen gibt.
Aber… ein richtiges Vorwort ist das immer noch nicht. Das ist mir klar.
Kennt ihr das? Man hockt vor einem Aufsatz und hockt und hockt, und der Po ist schon ganz platt gesessen und der Bleistift abgenagt, und es fällt einem bloß ein: „Gestern war schönes Wetter, und unsere Katze hat schon wieder keine Maus gefangen." Und das sind dann genau die Aufsätze, wo der Deutschlehrer mit widerlich rotem Stift drunterschreibt: „Am Thema vorbei!"

Am Thema vorbei!

Also, da habe ich es ja besser. Ich hab keinen Deutschlehrer, ich habe zum Glück euch, und euren Rotstift fürchte ich viel weniger… wenn überhaupt. Mir ist nämlich ein prächtiger Satz eingefallen, und der ist nicht von mir, sondern von der Irmgard Keun! In der Geschichte „Die feinen Leute und die Pferde-

äpfel" sagt das Mädchen: „Man braucht gar nicht immer alles wissen, man muß es nur können!"
Ich weiß nicht, wie man ein Vorwort schreibt, aber ich kann es! So!
Ich kann euch nämlich erzählen, wie es mir gegangen ist, als ich zum ersten Mal ein Buch von der Irmgard Keun gelesen habe. Damals war ich zehn Jahre alt, ich weiß es noch genau. Gelesen habe ich schon immer gerne, aber ehrlich gesagt, mir hingen die lustigen Zwerglein und die netten Pilzlein ziemlich zum Halse raus. Ich wollte mal was lesen von jemandem, der so ist wie ich. Ich hab aber nichts gefunden, und da habe ich einfach im Bücherschrank meiner Eltern gewühlt. Weil ich sowieso mal nachschauen wollte, was die Erwachsenen so lesen. Und warum sie dauernd sagen: „Finger weg, das ist noch nichts für dich!" Das haben sie aber auch immer gesagt, wenn vier Tafeln Schokolade im Eisschrank lagen... Ich meine halt, man weiß doch selber, wovon einem schlecht wird, oder?

Ich hab also gestöbert, und hinten oben links habe ich

ein Buch gefunden. Von der Irmgard Keun. Das hieß: „Das Mädchen, mit dem die Kinder nicht verkehren durften". Der Titel hat mir gleich gut gefallen, ich hab gegrinst und gedacht, aha, und ich bin jetzt das Mädchen, das keine Erwachsenen-Bücher lesen darf… und ich hab das Buch geschnappt und bin in mein Zimmer. Ganz leise.
Übrigens, das Buch heißt heute noch so. Und in dem Buch stehen genau die beiden Geschichten, die ihr gleich zu lesen kriegt, nämlich: „Als ich Bazillenträger war" und „Die feinen Leute und die Pferdeäpfel".
Also, wie gesagt, ich schnappte das Buch und las. Heimlich. Unter der Bettdecke. Mit Taschenlampe und glühenden Backen. Und als ich fertig war, da habe ich erst einmal ungeheuer gestaunt! Das soll nur für Erwachsene sein? Das ist doch auch ein Kinderbuch! Da erzählt ein Mädchen, das ist beinahe so wie ich! Und das macht Sachen, also, die würde ich mich ja leider nie trauen. Oder seid ihr schon mal heimlich auf einen Zug gestiegen und habt Rüben geklaut? Und mitten beim schönsten Rübenklauen fährt der Zug plötzlich mit euch ab?

Als ich ein kleines Mädchen war, da hat kein Mensch mehr Rüben geklaut, da gab es genug zu essen.
Aber damals klauten die Leute aus Not, weil damals war Krieg, der erste Weltkrieg. Vom ersten Weltkrieg allerdings wußte ich nichts. Woher auch. Und darum hatte ich ein paar Sachen auch nicht recht verstanden.
Was ist ein Lazarett?
Was ist ein Eisernes Kreuz?
Wer war der Kaiser?
Hatte der eine echte Krone auf?
Und überhaupt, was haben die Kinder damals angehabt?
Wie haben die Autos ausgesehen?

Und die Kaufhäuser? Gab's da schon Waschmaschinen?
Und, und, und…
Und da habe ich einfach meine Oma gefragt.
Und die hat sich zuerst gewundert, weil ich so frage, aber dann hat sie doch erzählt. Aus dem ersten Weltkrieg.
Hoffentlich habt ihr selber eine Oma, oder eine Uroma, kann auch ein Uropa sein oder ein Opa… die könnt ihr ja fragen. Erzähltkriegen ist beinahe noch

ein bißchen schöner als Selberlesen... Als ich allerdings meine Oma auch nach der Irmgard Keun gefragt habe, da hat meine Oma gleich losgezetert. Weil es aufgekommen ist, daß ich ein Erwachsenen-Buch gelesen habe. Sie hat sich erst wieder beruhigt, als ich ihr das Buch in die Hand gedrückt habe. Da hat sie dann zugeben müssen, daß das mindestens genauso ein Buch für Kinder ist. Mindestens. Aber so sind die Erwachsenen (meine Oma auch!). Man muß es ihnen deutlich sagen, sonst kapieren die das nie! Meine Oma hat kapiert und hat erzählt. Von der Irmgard Keun. Beim Lesen hatte ich mir immer vorgestellt, das Mädchen, das ist die Irmgard Keun selber. Das hat sie alles selber erlebt. Und ich habe sie

bei mir das Vielleicht-Irmgard-Mädchen genannt. Meine Oma hat gemeint, das kann durchaus sein. Weil die Irmgard Keun 1910 geboren wurde, in Berlin. Und als es Krieg gab, da war sie noch ein Kind. Aufgeschrieben allerdings hat sie es erst später.

Erst mal wurde sie Schauspielerin, mit sechzehn. Aber sie hat nicht lange auf der Bühne gestanden, sagte meine Oma, sie hat ziemlich bald angefangen, Bücher zu schreiben. Aber leider hat sie nicht lange schreiben dürfen, weil's schon bald wieder Krieg gab. Der zweite Weltkrieg. Und da hat man gemeint, ihre Bücher sind gefährlich. Die muß man verbrennen. Es war eine schlimme Zeit damals, meint meine Oma, sie weiß es noch genau. Da wurden viele Bücher verbrannt, und das waren dann die „verbrannten Dichter". Die Irmgard Keun hat dann nicht mehr in Deutschland bleiben mögen. Das habe ich gut verstanden. Wenn man mir was verbrennt, dann möchte ich auch nicht mehr bleiben. Sie ist also weggereist. In die Emigration. Ich habe im Atlas gesucht und das Land Emigration nicht gefunden. Konnte ich auch nicht. Emigration ist nämlich kein Land, sondern so heißt jeder Ort, wo man hinreisen muß, wenn man im Heimatland nicht mehr geduldet wird. Die Emigration kann überall sein. Bei der Irmgard Keun war das Belgien und Holland und Frankreich und Österreich und dann noch Amerika. Tolle Reisen, hab ich noch

gedacht... aber dann war mir schon klar: Wer unfreiwillig reist, der findet das sicher nicht so toll. Und die Irmgard Keun hat beinahe überhaupt kein Geld gehabt. Sie hat aber trotzdem weiter geschrieben. Und das Leben war mühsam in der Emigration.
Geschrieben hat sie meistens in Hotels, sie hatte ja kein Zuhause mehr.
Kurz bevor der zweite Weltkrieg zu Ende war, ist sie heimlich wieder nach Deutschland zurückgekommen. Und da hat sie sich verstecken müssen. Weil man sie und ihre Bücher ja nicht gewollt hat. Auch, als dann der Krieg zu Ende war und sowieso verloren, hat sie sich immer noch ein bißchen versteckt. „Zurückgezogen“ hat das meine Oma genannt.
Ich hab damals gedacht, ich möchte ihr, der Irmgard Keun, gerne mal schreiben. Weil ich sie fragen möchte,ob sie wirklich das Mädchen ist, das Bazillenträger war. Und warum sie die Pferdeäpfel den feinen Leuten nicht einfach in den Kragen gesteckt hat. Und ich wollte ihr sagen, wie gut mir ihr Buch gefallen hat und daß ich ganz bald noch viel mehr von ihr lesen möchte.

Ich hab ihr aber nicht geschrieben, weil ich schon damals eine faule Briefschreiberin gewesen bin. Heute tut es mir leid. Weil, heute kann ich ihr nicht mehr schreiben. Sie ist 1982 in Köln gestorben. Aber ihre Bücher kann man lesen. Und dann ist es ein bißchen so, als wäre sie noch da!
Ich glaube, sie würde sich freuen,
wenn sie wüßte, daß Kinder
ihre Bücher lesen.
Und zwar erlaubt öffentlich.
Und nicht heimlich
unter der Bettdecke,
so wie ich…
Ich glaube auch,
sie würde lachen,
wenn sie meinen
abgekauten
Daumennagel,
den linken,
sehen würde.

Weil ich doch ein Vorwort für ihr Buch schreiben muß. Ich glaube, sie würde mich trösten und sagen:

„Man braucht gar nicht immer alles zu wissen,
man muß es nur können."

Und gekonnt habe ich es, das Vorwort. Oder? Ihr wißt jetzt nämlich genausoviel wie ich. Und lesen könnt Ihr selber. Nämlich die Geschichten von der Irmgard Keun.

Eure

Als ich Bazillenträger war

Jetzt ist es ganz aus mit mir. Ich bin schon fast bis zum Stadtrand gewandert. Unterwegs habe ich mich in eine leere Wiese gesetzt, direkt neben eine Königskerze. Ich pflückte sie aber nicht ab, denn sie blüht ja nur immer oben an der Spitze, am Leib hat sie Knospen, die verwelkt sind oder nicht mehr aufgehen, wenn man sie abpflückt.
Ich darf nicht mal mehr in die Schule gehen. Zu Hause haben wir schon zu Mittag gegessen, ich weiß aber gar nicht mehr, wie spät es ist. Alles ist durcheinander, und ich muß immer allein sein. Weit und breit darf kein Kind mehr mit mir spielen, weil ich Bazillenträger bin. Vorher sollten die Kinder es manchmal auch nicht, weil ich ungezogen war und frech. Diesmal war ich aber gar nicht ungezogen und habe gar nichts Böses getan. Ich bin ein Bazillenträger geworden, weil mein kleiner Bruder Scharlach hat. Wenn ich ungezogen war, konnte ich ja was dafür, wenn die Kinder nicht mit mir verkehren durften. Aber wenn ich dann unter ihren Fenstern gepfiffen habe, sind sie doch gekommen, und Hänschen Lachs hat weiter die Höhle mit mir gebaut, und Ziskorns

Matthias hat stundenlang Steine mit mir aufgewälzt, um zu sehen, was darunter war. Unter den Steinen ist alles Geheimnis: totgedrückte, blasse Gräser gibt es, die dann auf einmal wieder leben. Und Ameisen und aufgeregte Ohrwürmer, die flitzen und wimmeln. Und Kellerasseln, die ringeln sich zusammen wie harte kleine Kugeln. Wir befreien alles unter den Steinen, und alles rast vor Angst, weil wir es befreien.
Ich habe auch immer etwas Angst, weil es so geheimnisvoll zugeht unter den großen Steinen.
Man weiß nie vorher, was passieren wird, wenn man so einen großen Stein abwälzt. Die befreiten Gräser und wimmelnden Tiere könnten ja auf einmal schreien oder sprechen oder mich ansehen mit wilden Augen und anspringen.
Ich hätte nie geglaubt, daß ich bestraft werden könnte, ohne daß ich was Verbotenes getan habe vorher.
Durch die Bazillen ist eine Strafe über mich gekommen, ich verstehe es gar nicht. Die Welt ist ganz komisch und verändert geworden, weil ich immer allein sein muß und immer Zeit habe.
Der Herr Kleinerz hat auch meistens keine Zeit für

mich. Erwachsene haben ja Berufe, das ist langweilig. Er hat mir das mit dem Bazillenträger erklärt. Dadurch, daß mein kleiner Bruder Scharlach hat und zu Hause im Bett liegt, ist er ansteckend, und alle Menschen können durch ihn Scharlach kriegen. Vielleicht bekomme ich auch noch Scharlach. Aber auch ohne Scharlach zu haben, kann ich andere Menschen anstecken. Ich weiß nicht, wie das passieren kann. Vielleicht sind die Bazillen unsichtbare Geister und Hexen,

die schweben in unserer Wohnung umher und heften sich an mich und verfolgen mich, wohin ich gehe. Und wenn ich dann mit Leuten zusammenkomme, die sie nicht leiden können, fangen sie vielleicht an, die zu beißen und krank zu machen. Geister können alles, genau wie die Mooszwerge und die Flaschenteufel. Meistens sind sie ja unsichtbar und sprechen nicht, aber manchmal wachsen sie plötzlich und zeigen sich einem Menschen, und man darf sich etwas wünschen. Vielleicht gibt es auch gute Bazillen, und vielleicht erscheint mir mal einer und schenkt mir drei Zwergpudel. Neulich hab ich drei niedliche Zwergpudel gesehen, in einem Vorgarten. Die wären sicher gern mit mir gekommen, aber leider waren sie eingeschlossen, und ich konnte die Tür nicht aufkriegen.

Ich könnte ja auch mal bis in die Straße laufen, wo der Laden mit den Tanzmäusen ist. Da sind auch Papageien und tausend andere Vögel und kleine Affen und Schleierfische und Schildkröten wie kleine platte Dächer, die langsam wandern. Aber vielleicht können auch die Tiere Scharlach kriegen durch mich. Manchmal habe ich eine wahnsinnige Wut auf die Bazillen, aber ich traue mich nicht, das zu sagen, weil ich sie lieber nicht böse machen möchte.

Zu Hause wollen sie mich immer los sein, und ich bin auch nicht mehr gern zu Haus. Meine Mutter hat einen weißen Kittel an und pflegt meinen kleinen Bruder, und ich darf nicht in ihre Nähe kommen, wegen der Ansteckung und weil sie übermüdet ist. Tante Millie kocht, und mein Vater sagt, es wäre ein Saufraß, und er müßte sich überhaupt dauernd gewaltsam zusammenreißen. Tante Millie weint und findet alle Menschen schlecht und undankbar und muß dann wieder mühselig getröstet werden. Zwischendurch kommt der Doktor Bohnenschmidt, dann laufen sie alle durcheinander, und er rollt seine Stimme durch die Wohnung und sagt, es wäre ein denkbar leichter Fall bei meinem Bruder, und es bestehe nicht die geringste Gefahr mehr. Ich verstecke mich, damit er mich gar nicht erst sieht, denn er will, daß ich so weit wie möglich entfernt bin, und am liebsten wäre es ihm, wenn ich zu anderen Leuten gegeben würde. Das will ich aber nicht, und die anderen Leute wollen mich auch gar nicht haben. In einem Zirkuswagen würde ich ja wohl gern mal wohnen und habe es auch gesagt, aber darauf haben sie gar nicht geantwortet. Dann wäscht sich der Doktor Bohnenschmidt die Hände, alles rennt nach sauberen Handtüchern und wedelt um ihn herum, und zum Schluß hat er jedesmal seinen Hut vergessen, und ich muß ihm damit nachlaufen.

Warum ist er eigentlich kein Bazillenträger?

Er ist doch auch immerzu in unserer Wohnung und

bei meinem Bruder. Nur ich muß immer so was Verbotenes und Häßliches sein.
Wenn keiner aufpaßt, gehe ich immer schnell mal zu meinem Bruder ins Zimmer. Er bekommt so viel Himbeerwasser, das kann er allein gar nicht trinken, und er hat auch keine Lust, allein zu sein, und turnt am liebsten im Bett, ohne es zu dürfen. Ich mache Schattenspiele mit ihm und erzähle ihm schnell eine Geschichte vom Königssohn, dem ein Pferd den Kopf abbeißt. Und als ich neulich mal nachts aus dem Fenster gesehen habe, da ist ein Teufel über die Straße gelaufen, und da hat auf einmal ein Engel einen Stern vom Himmel geworfen, mitten auf den Teufel, der war sofort tot, und morgens haben ihn die Müllmänner ganz ruhig aufgehoben und fortgeschmissen. Den Stern haben die Engel wiedergeholt und oben angeheftet. Und ich erzähle, wie ich mit dem Zeppelin geflogen bin bis nach Afrika, da sind wir immerzu an riesenhafte Giraffen gestoßen.
Ich muß furchtbar aufpassen bei meinem Bruder, daß mich niemand im Zimmer von meinem Bruder sieht, und ich habe ihm gezeigt, wie er seine Bauklötze

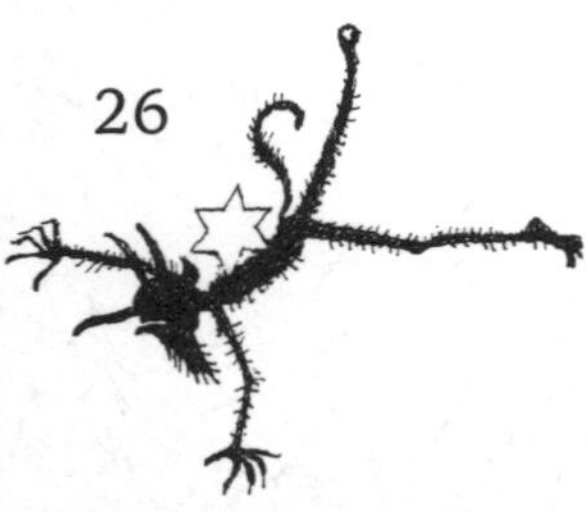

gegen die Wand werfen muß, damit ich hören kann, wenn keiner bei ihm ist.

In meinen Geschichtsbüchern sind kranke Kinder immer ganz anders. Sie haben Fieber, und dann sprechen sie wunderbare Sachen und winden sich, daß alle Erwachsenen um sie herum weinen und besser werden und Königinnen sie mit Weintrauben überhäufen und hartherzige Grafen edel werden und der armen Familie Reisigbündel schenken und die letzte magere Ziege nicht pfänden lassen, und die ganze Familie dankt Gott für die wunderbare Rettung. Aber solche Kinder liegen ja auch von Anfang an in einer Hütte und auf Stroh. Wenn ich mal Fieber habe, bekomme ich nur kalte Packungen, und dann sagen sie: „Nu hör aber endlich mit dem Gebrüll auf."

Ich weiß gar nicht, was ich tun soll. Ich könnte ja noch rostige Nägel suchen, aber ich habe schon so viele – einen ganz großen Karton voll –, und ich bin immer noch nicht Millionär. In der Schule hatten wir mal eine Geschichte von einem armen zitternden Jungen, der lief in Amerika mit Zeitungen und nackten Füßen durch Wind und Schnee. Und er war fleißig und strebsam und fand einen rostigen Nagel, und damit fing er an Millionär zu werden. Millionär ist das Reichste von der Welt. Wenn ich Millionär bin, kann ich alle Kastanienbäume kaufen und immerzu die Rehe im Zoologischen füttern. Den Zoologischen Garten kann ich auch kaufen und mit dem Wärter in alle Käfige gehen. Ich kann auch alle Erwachsenen kaufen, die mich ärgern, und sie auf ein Schiff setzen und in wilde Meere steuern lassen, so daß sie nie mehr irgendwo landen können.

Ich könnte ja jetzt auch mal in den Stadtwald zu den Fliegenpilzen gehen und einen essen und sehen, was dann passiert.
Wo Tollkirschen wachsen, weiß ich auch.
Jetzt ist wieder alles anders geworden, ich bin so aufgeregt. Ich habe einen richtigen erwachsenen Soldaten, ich habe schon drei Soldaten. Ich treffe sie jeden Tag und trinke Limonade mit ihnen und esse eiserne Rationen. Das sind Kekse aus dem Krieg, die sind so hart, daß ich mir schon einen Zahn ausgebissen habe, aber das ist mir egal. Die Soldaten sind glücklich, weil ich ein Bazillenträger bin, sie haben

nur Angst, daß ich vielleicht doch keiner sein könnte. Aber ich bin einer, ich bin bestimmt einer.
Ich darf ihre Soldatengürtel tragen und aus der Feldflasche trinken, und fünf Uniformknöpfe habe ich auch schon geschenkt bekommen. Sie spielen Klicker mit mir, und sie machen mir den größten Drachen der Welt. Und einer ist vom Lande und hat mir extra von da aus eine Dauerwurst mitgebracht für uns zu Hause.
Alles ist so gekommen, weil ich vom Güterbahnhof Steckrüben geholt habe, was ja natürlich verboten ist. Erst wollte ich in den Anlagen einen Blumenstrauß pflücken und damit unsere Schulvorsteherin besuchen, um sie etwas mit meinen Bazillen anzustecken, dann wäre sie vielleicht entfernt gewesen, wenn ich wieder zur Schule darf. Aber dann bin ich doch lieber Steckrüben holen gegangen. Sonst bin ich dazu immer mit anderen Kindern zusammen gegangen, ein paar Kinder mußten aufpassen als Posten. Aber diesmal mußte ich ja allein sein. Aus den Rüben kann meine Mutter Rübenkraut kochen. Ich soll ja keine vom Güterbahnhof holen, aber wenn ich welche bringe, ist

meine Mutter doch froh. Ich erzähle einfach immer, die Rüben wären von einem Lastwagen gefallen, und ich hätte sie dann von der Straße aufgelesen. Man kommt aber am besten an die Rüben, wenn sie in vollen Waggons auf dem Güterbahnhof stehen. Manchmal liegen welche unten, aber die meisten sind doch immer oben in den Waggons.

Da kletterte ich nun an so einem Wagen rum und mußte achtgeben auf meinen großen Sack und auch noch nach hinten gucken und nach allen Seiten wegen der Leute, die das nicht erlauben. Auf einmal schreit eine Stimme hinter mir:

„Schäm dich mal, was tust du denn da?"

Natürlich bin ich schnell ganz auf den Waggon geklettert und traute mich nicht mehr runter und guckte nur. Da stand ausgerechnet unten die widerliche Frau Meiser mit einem fetten rosa Gesicht und einem großen braunen Samthut auf ihrem Staubhaar, und hoffentlich hatte sie mich nicht erkannt.

Neben ihr stand ein Herr in Rund und Schwarz.

Und sie sprachen zusammen: „Da sehen Sie selbst – verwahrloste Jugend – aber nie würde mein Trautchen so was tun – ja, auch die Eltern sind schuld – verlorene Generation – Herr Regierungsrat, was soll daraus werden?“

Ich merkte genau, daß sie nichts Gutes meinten, und hab mich in die Rüben reingequetscht, und auf einmal

fing der Zug an zu fahren. Und fuhr und fuhr. Es war die Rettung, ich war glücklich. Es ist so schön, wenn man fährt. Sobald man fährt, ist die Gefahr vorbei. Dann wartet man auch gar nicht mehr, dann hat man auch gar keine Angst mehr. Ich habe ganz schnell noch eine matschige Rübe genommen und der Meiser an den Samthut geschleudert, vielleicht habe ich auch den runden Mann getroffen. Leider konnte ich's nicht mehr sehen.

Ich hab aufgepaßt, daß ich nicht runterfiel und daß keiner mich sah. Es war wunderbar, ich wollte es Hänschen Lachs erzählen.

Endlich hat der Zug wieder gehalten. Ich durfte ja nicht weiter mitfahren, ich mußte doch wieder nach Hause. Sonst hätte ich überhaupt keine Angst gehabt. Aber vor zu Haus habe ich Angst. Ich hab meinen Sack schnell voll Rüben gesammelt und bin runtergeklettert und hab meinen Sack hinter mir hergezogen. Auf einmal umklammerten mich Arme und hoben mich von dem Puffer. Da war ich furchtbar erschrocken und wurde auf die Erde gesetzt und schrie, denn ich wollte doch nicht ins Gefängnis. Gefängnis ist furchtbar, da bekommt man Läuse, das weiß unsere Elise genau. Dann würde meine Mutter wieder verzweifeln und die Hände überm Kopf zusammenschlagen. Ich hab nämlich schon mal welche gehabt. Durch Moosbachs Christine, neben der hab ich in der Klasse gesessen, die kann so wunderbar Fratzen schneiden, und sie wohnen zu vielen Personen in einer Küche und trinken einfach immer aus der Kaffeekanne, nicht aus Tassen, und sie ist sogar ein uneheliches Kind, das hat sie mir selbst erzählt. Das bedeutet, daß sie keinen Vater hat. Ich wünsche manchmal, ich wäre auch ein uneheliches

Kind, ich freu mich oft, wenn mein Vater mal verreist. Christinchens Mutter ist so nett und klein wie eine weiße Maus und so leise wie eine Fee. Sie konnte leider das Schulgeld nicht mehr bezahlen für die Christine, und darum mußte sie von unserer Schule, und auch wegen der Läuse. Ich geh aber nach der Schule immer noch zu ihr spielen. Wir finden immer so viel zusammen, und ihre Mutter muß fast den ganzen Tag fort sein, um zu arbeiten, sie ist Zimmermädchen in einem Hotel. Christine ist gar nicht stolz und bildet sich nichts darauf ein, daß sie ein uneheliches Kind ist. Andere Kinder sind oft so eingebildet und affig und sind dabei überhaupt nichts Besonderes.

Alles wurde gut, denn der Mann, der mich vom Puffer hob und festhielt, war ein Soldat auf Urlaub. Er lachte und nahm mich an der Hand und trug meinen Rübensack, aber er wollte ihn mir nicht fortnehmen. „Scheißkrieg“, hat er gesagt, das ist ein Wort, das ich zu Haus nicht benutzen darf. Aber jetzt, bei meinen Soldaten, darf ich es sagen, sooft ich will.

Ich hab dem Soldaten alles erzählt – von den Rüben

und der dreckigen Frau Meiser und wo ich her bin und daß ich wieder nach Hause muß und gar nicht wüßte, wo ich wär. Ich war in Frechen, das ist weit fort von zu Haus. Der Soldat hat überlegt, und wir haben erzählt und wieder überlegt.

Und dann ist der Soldat fortgegangen, und ich mußte warten. Auf einmal fuhr ein richtiges Auto an mich ran, und ich durfte mit dem Soldaten im Auto nach

Hause fahren. Ich war so glücklich. Und dann fiel mir ein, daß ich ja Bazillenträger war und daß der gute Soldat vielleicht Scharlach kriegen würde, und ich hab ihm alles erzählt von meinem kleinen Bruder und daß er furchbar ansteckend ist und daß ich auch ansteckend bin. Da hat der Soldat mich gefragt und nachgedacht und wieder gefragt. Sein Rücken ist mit einem Ruck gerade geworden und gewachsen, und seine Augen haben mit großem Interesse geleuchtet. Und dann hat er langsam gesagt, nichts wäre ihm lieber, als Scharlach bekommen zu können, und vielleicht wäre ich ihm geradezu von Gott geschickt worden. Er hat gesagt, ich wäre ja schon ein großes, verständiges Mädchen und dürfte keinem Menschen was sagen.

Er hat mir erklärt, wir hätten ja schon 1918 und der Krieg wär nun bald zu Ende und er hätte keine Lust, im letzten Augenblick noch totgeschossen zu werden oder Beine und Arme und Augen zu verlieren. Er hat alte Eltern und eine Braut in Westfalen, von denen wird er gebraucht. Wenn er Scharlach bekommt, wird er nicht mehr totgeschossen. Dann kommt er in

ein Lazarett. Vielleicht zu uns in die Nähe, da kann ich ihn immer besuchen. Und bis er gesund ist, ist der Krieg aus. Ich dachte ja immer, Soldaten wollten nur Lieder singen und stolze Festungen stürmen und Eiserne Kreuze bekommen. In der Schule erzählen sie es. Denen in der Schule glauben wir ja eigentlich schon lange nichts mehr, Hänschen Lachs und ich. Aber man wundert sich doch, wenn nun immer und immer wieder alles ganz anders ist, als sie es in der Schule erzählen.
Zuerst hat mich der Soldat zusammen mit dem Rübensack zu Haus abgegeben. Es war schon etwas spät, aber Gott sei Dank nicht sehr. Der Soldat hat zu meiner Mutter gesagt, ich hätte die Rüben gefunden, und da hätte er mir geholfen, sie herzutragen. Und die Krankheit in der Familie täte ihm sehr leid, und er möchte sich gern wieder erkundigen.
Meine Mutter war ja sehr froh über die Rüben, aber sie waren ihr auch lästig, weil sie nun von ihr verarbeitet werden mußten, und sie war sowieso schon überlastet, und sie sagte: „Letzten Endes bleibt doch alles auf mir sitzen, das sehe ich schon, aber

verkommen lassen darf man nichts." Wenn ich mal groß bin, werde ich alles, alles anders machen. Dann werde ich tausend Zimmer haben und in allen Zimmern elektrisches Licht brennen lassen – Tag und Nacht, und niemand darf ununterbrochen zu mir sagen: „Nun knipse das Licht aus – du hast ja wieder vergessen, das Licht auszuknipsen – knipse das Licht im Flur aus." Wenn ich groß bin, soll immer alles hell sein. Und ich werde Marmelade und Leberwurst auf einem Brot essen, auf das ich vorher Butter geschmiert habe. Und ich werde auf dem Dach des Hauses stehen und nach überallhin Rüben schleudern, wenn mir welche gebracht werden und ich keine Lust habe, sie zu verarbeiten. Und nie mehr darf dann jemand zu mir sagen: „Wir müssen aber sparen."

Der Soldat ist am nächsten Tag gekommen und hat für meinen kleinen Bruder eine Bierflasche mit Milch gebracht und hat im Wohnzimmer gesessen und hat sich nützlich gemacht und wollte gar nicht mehr fortgehen. Und meinen kleinen Bruder wollte er auch begrüßen. Meine Mutter und Tante Millie waren so entzückt von dem Soldaten und gerührt und haben immerzu von ihm gesprochen. Aber sie wollten ihn nicht zu meinem Bruder lassen – um keinen Preis und wegen der Ansteckung, und Tante Millie sagte: „Aber um Gottes willen, wir dürfen doch so viel Uneigennützigkeit nicht mißbrauchen, wir dürfen doch einen tapferen Vaterlandsverteidiger nicht gefährden, wir dürfen doch nicht so gewissenlos sein.“ Unter keinen Umständen dürfte er mehr die Wohnung betreten, das könnten sie nicht verantworten. Ach, sie verstehen ja nichts zu Hause, und ich darf nichts sagen.

Jetzt treffe ich mich jeden Tag mit dem Soldaten, und zwei Kameraden von ihm sind noch dazugekommen, die wollen auch Scharlach haben. Manchmal denken wir, daß meine Bazillen vielleicht nicht ausreichen für drei große Soldaten, und dann sind wir alle traurig, und niemand weiß, was wird.

Alles ist gefährlich geworden durch die Frau Meiser und das Bettlaken und die Masken.

Das kam nun alles so: Zuerst hatte einer von meinen Soldaten mir das Wunderbarste von der Welt mitgebracht – nämlich grauenhafte, herrliche Masken. Tiermasken und Masken von Menschen. Die Menschenmasken sind am furchtbarsten – wenn man sie aufsetzt, muß alles erstarren. Ich hab die Masken aufgesetzt vorm großen Spiegel im Schlafzimmer von meinen Eltern. Die Masken haben kleine Löcher, durch die man seine Augen bohren kann. Vorm Spiegel waren es nicht mehr meine Augen. Ich mußte lachen und tanzen, und dann konnte ich nicht mehr und hab gekniet vorm Spiegel und mich selbst gebeten, mir doch bitte nichts zu tun. Und ich hatte ein böses altes Männergesicht mit einem weißen Bart und bösen roten Backen, so bös wie der böseste Riese, und davon wurde ich angesehen und war so erschrocken, daß ich mich gar nicht bewegen konnte.

Ich habe nicht geweint, weil der Spiegel ja nicht anfing zu weinen. Ich wollte auch, daß der Spiegel meine furchtbare Maske abnahm, und habe gewartet und wünschte, jemand sollte kommen und mit mir schimpfen, und ich wollte auch, daß niemand kommen sollte, niemand, niemand. Ich habe mich flach auf den Fußboden geworfen – so flach, daß kein Spiegel mehr an mich konnte, und habe mit aller Kraft das Gummiband von der Maske aus meinem Haar gezerrt, und die Maske hatte ich nun in der Hand. Ich möchte aber mich selbst auch nie mehr im Spiegel sehen. Ich bin ganz schnell in mein Zimmer gegangen. Natürlich war ich auch froh über die Masken, ich wollte sie gern andern zeigen und springen und Angst machen, aber nie mehr mit mir allein.

Dann hab ich das Laken fortgenommen, um es meinen Soldaten zu bringen. Das Laken war von meinem kleinen Bruder, und sie haben gesagt, am gefährlichsten sei die Bettwäsche, wenn der Kranke sich schälte. Und sie haben immer eilig die Kissenbezüge und die Bettlaken in das kleine, braune

Faß im Garten gebracht. Von da hab ich ein Laken genommen – ganz heimlich – und wollte es den Soldaten bringen, weil es ja mehr Bazillen enthielt als ich und weil sie dadurch vielleicht Scharlach bekommen würden. Ich habe Angst gehabt, sie würden mir nicht mehr trauen und mir nicht glauben, daß ich wirklich ein Bazillenträger bin.
Abends bin ich mit dem Laken unterm Arm fortgegangen, um es den Soldaten zu bringen, da kam aber auf einmal an der Straßenecke Hänschen Lachs und sagte, er hätte mir hier aufgelauert, und die Schule hätte er satt, und Scharlach mache ihm nichts aus, er hätte ein neues Album mit den interessanten Reklamebildchen, und ein paar Serien könnten wir tauschen, er hätte sie doppelt. Soldaten sind ja wunderbar und groß und erwachsen und Helden, und ich bin stolz, wenn sie mit mir spielen. Ich wollte aber doch lieber wieder mal mit Kindern spielen.
Hänschen Lachs erzählte mir von der Frau Meiser – sie hätte jetzt eine Wasserspritze, mit der würde sie Kinder vom Balkon aus spritzen. Und Hänschen Lachs hat mein Bettlaken gesehen und meinte, damit

ließe sich doch etwas machen. Ich hab gar nichts von den Soldaten erzählt, ich fand auch, daß man was machen könnte mit dem Bettlaken. Ich hab von meinen Masken erzählt, und Hänschen Lachs war begeistert. Ich hab die Masken geholt, und während ich sie holte, hat Hänschen Lachs Ottchen Weber gepfiffen, und sie haben auch Bettlaken geholt. Dann haben wir Masken aufgesetzt und die Laken umgewunden und uns durch den Garten auf den hinteren Balkon von der Meiser geschlichen, und wir haben hohl und schauerlich Hohoho und Huuu gerufen. Ich habe mich am weitesten vorgedrängt und hatte einen Eselskopf auf, der rutschte immer, ich konnte nichts sehen, ich rief immer ganz laut Huuuu, und ich rief immer lauter. –

Auf einmal stürzt etwas
an mich ran und faßt
mein Laken,
ich laufe fort,
ich dreh mich mal um –
die Frau Meiser hat mein Laken,
was soll ich machen?

Ich muß es ihr lassen, die andern sind längst weg, an der Straßenecke treff ich sie wieder. Alle haben wir noch die Masken auf – Hänschen Lachs, Ottchen Weber und ich. Hänschen Lachs sagt, unmöglich könnte die Meiser mich erkannt haben.
Wie nun alles werden soll, weiß ich nicht. Ich hab noch einen Kopfkissenbezug von meinem Bruder fortgenommen und am nächsten Tag meinen Soldaten gebracht. Die haben sich furchtbar gefreut und meinten, wenn das nichts hilft, dann hilft gar nichts mehr. Und dann hatten sie Angst, daß ich ihretwegen Scharlach kriegen könnte, und sagten, das hätten sie nicht gewollt, und das könnten sie nicht verantworten. Dann sind sie gegangen mit dem Kissenbezug. Und sie werden mir schreiben, wenn sie Scharlach kriegen, und mich nie vergessen. Wenn der Krieg zu Ende ist, werden sie mich besuchen. Und ich wäre ihnen lieber als der General Ludendorff und die Kaiserin. Ich liebe die Soldaten, und ich will ihnen auch helfen – aber meine Mutter liebe ich mehr, und die Kinder, die Kinder, mit denen ich richtig spielen kann, die liebe ich noch mehr.

Mein kleiner Bruder ist nun wieder ganz gesund. Ich bin auch gesund geblieben bis jetzt, und alle staunen darüber. Dabei wissen sie doch gar nichts. Dr. Bohnenschmidt sagt, seine eingreifenden, energischen Maßnahmen hätten eventuell geholfen. Zu Hause freuen sich alle und sagen, weil ich so musterhaft und folgsam war in der schweren Zeit und sie nie belästigt habe, hätte ich auch eine Belohnung verdient. Sie wollten nach Königswinter mit mir fahren und mich auf einem echten Esel den Drachenfels raufreiten lassen. Sie sagten auch, sie könnten sich ja jetzt Gott sei Dank wieder mehr um mich kümmern. Aber sie sind immer noch beunruhigt, weil ein Bettlaken fehlt, und können es sich nicht erklären, und ein Kopfkissenbezug fehlt auch. Ich sage nichts. Das ist immer am besten.
Hänschen Lachs und ich haben einen Plan, wie wir das Laken von der Meiser wiederkriegen können, wenn sie es gewaschen hat und auf die Bleiche legt. Da kriegen wir es schon. Wahrscheinlich bekommt sie Scharlach, denn so eine Frau wird doch bestimmt von Bazillen gebissen.

Ich darf jetzt auch endlich wieder an meine Mutter rangehen – ganz dicht. Vielleicht erzähle ich ihr mal alles. Aber ich warte doch lieber ab, bis ich mit dem Esel auf dem Drachenfels war.

Tafel 1
KAISERIN AUGUSTE VIKTORIA
Feldmarschall von Hindenburg, der Kaiser, General Ludendorf
ICH
MEIN Bruder OHNE Scharlach
Automobil Album
F. EILENDER PHOTOGRAPH. ATELIER
Hänschen Lachs
Kaiser Wilhelm II

Tafel 2
Opel Doppel-Phaeton 1908
Azetylengas-
Automobil-
Scheinwerfer
35 Pl.
Daimler Omnibus 1911
Opel
2 ¾ PS Opel 1905
Opel Doktorwagen 1909

Tafel 3
Benz Coupé 1912
Phänomobil, 4 Zylinder
Dreirad
1913

Tafel 6/7
C P
KAUFHAUS
CARL PETERS
KÖLN

FRONTANSICHT
ZEPPELINSTRASSE

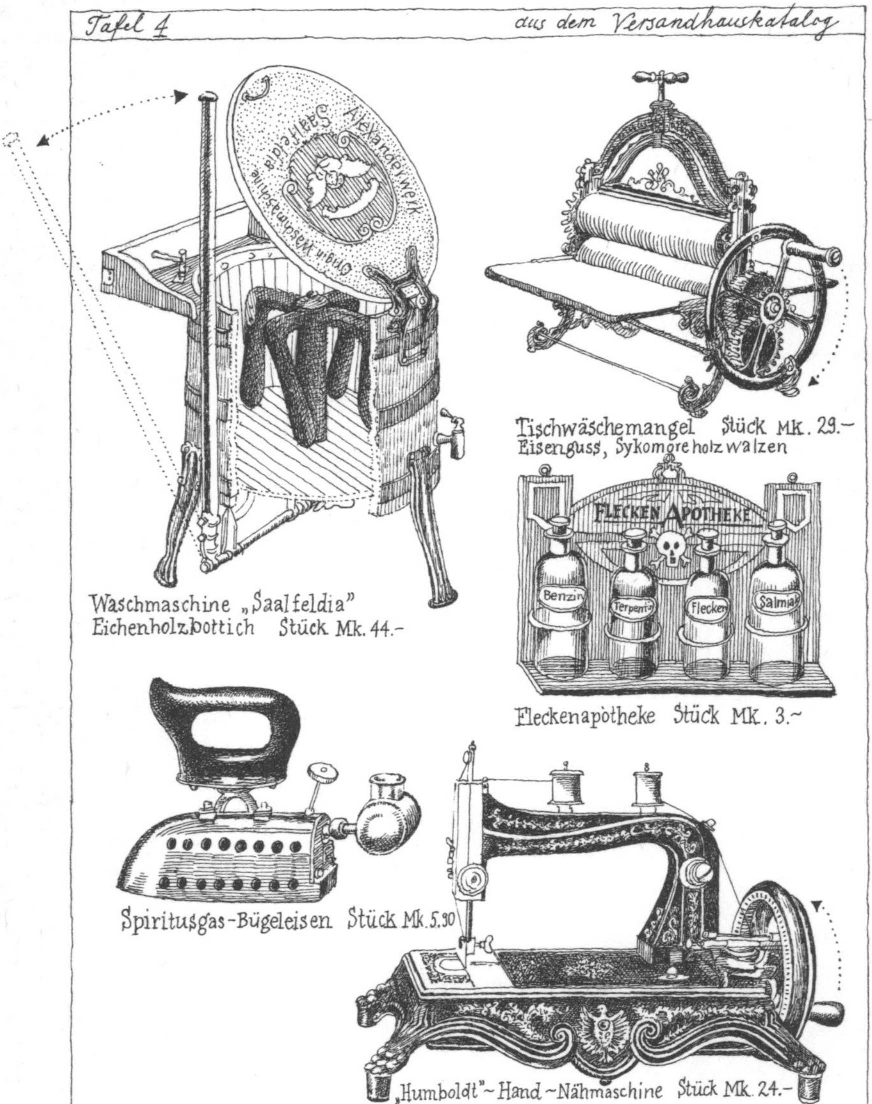
Tafel 4
aus dem Versandhauskatalog
Saalfeldia
Alexanderwerk
Waschmaschine „Saalfeldia"
Eichenholzbottich Stück Mk. 44.-
Tischwäschemangel Stück Mk. 29.-
Eisenguss, Sykomoreholzwalzen
FLECKEN APOTHEKE
Benzin
Fleckenapotheke Stück Mk. 3.-
Spiritusgas-Bügeleisen Stück Mk. 5.30
„Humboldt"-Hand-Nähmaschine Stück Mk. 24.-

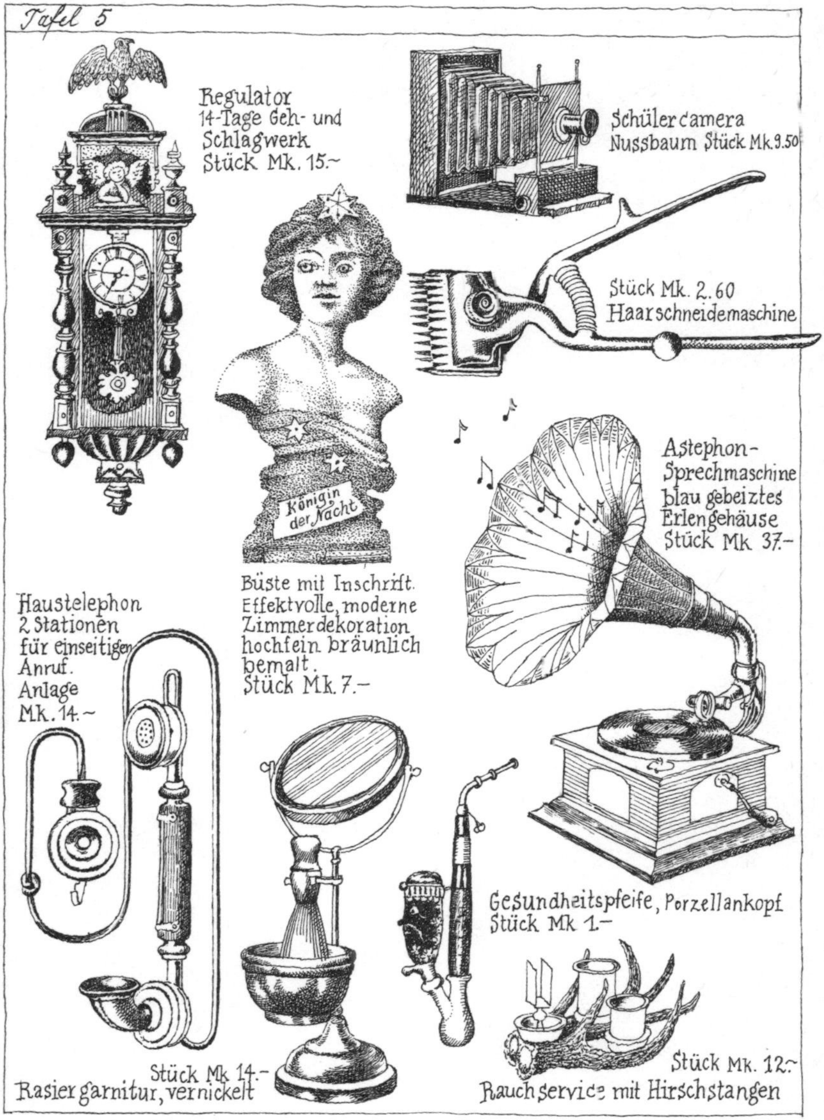
Tafel 5
Regulator
14-Tage Geh- und
Schlagwerk
Stück Mk. 15.–
Schüler camera
Nussbaum Stück Mk. 9.50
Stück Mk. 2.60
Haarschneidemaschine
Königin der Nacht
Astephon-
Sprechmaschine
blau gebeiztes
Erlengehäuse
Stück Mk 37.–
Büste mit Inschrift.
Effektvolle, moderne
Zimmerdekoration
hochfein bräunlich
bemalt.
Stück Mk. 7.–
Haustelephon
2 Stationen
für einseitigen
Anruf.
Anlage
Mk. 14.–
Gesundheitspfeife, Porzellankopf
Stück Mk 1.–
Stück Mk 14.–
Rasiergarnitur, vernickelt
Stück Mk. 12.–
Rauchservice mit Hirschstangen

Tafel 8 — Aus der Zeitung von Professor Lachs

Ich wasche mich nie!
mehr mit anderer Seife als mit der *unübertrefflichen, milden* **Savonette, Seife in großen Tuben.**

Heizbarer Handmuff!
Magen- und Brustwärmer, D.R.G.M. (160 g), klein, anknöpfbar, wasserdicht, weich, billig. Wohltat für Berufe im Freien, Jäger, Krieger, sowie Jeden im Winter. Liste frei auch über **„heizbare Fußwärmer"**, Wagenheizöfchen, Schwitzbäder, sichere Mottenkisten, durch **Ferd. Dannemann, Leipzig 30, Universitätsstr. 18–24.**

Das Examen eine Freude

für den Schüler, der die Mentor-Repetitorien benutzt, die in 40 Bänden à 1 M. sämtliche Schulfächer umfassen. ■■ Prospekt kostenlos. ■■ Mentor-Verlag, Berlin-Schöneberg K.

Pfui! Pfui!
Welch garstiger Geruch in Schlafzimmer u. Nachtschränkchen!
Wie gesundheitsschädlich!

Man benutze meinen zierlichen, eleganten und billigen Nachtgeschirrdeckel und der Uebelstand ist vermieden.

Mein Deckel passt auf jedes Geschirr. Er ist von unbegrenzter Haltbarkeit u. kann abgewaschen werden, weil mit Linoleum-Einlage. In fein weiss oder elfenbein lack. Preis fürs Stück **2 Mark.**

Arthur Lange,
Bahnh. Grossharthau, Sachs.

Warum laufen Sie mit
abstehenden Ohren
herum?
Augenblickl. Abhilfe schafft
EGOTON
Gesetzlich geschützt.
= **Erfolg garantiert.** =
Preis M. 7.50 excl. Nachn.
Prospekt gratis u franco.
Unauffällige Verpackung.

J. Rager, Chemnitz, Sa., Friedrich August-Str. 9.

Tafel 9
Letta Mitterdank
zum Ankleiden

Tafel 10

Tafel 11
Letta's Kleider
Frühlingshut
Mütze
Strumpfhalter
Kleider machen Leute
Muff
Gesundheitskorsett
Schottisches Seidenkleid
Überstrümpfe
Wollstrümpfe
Winterschuhe
Reformschürze
Unterrock

Die feinen Leute und die Pferdeäpfel

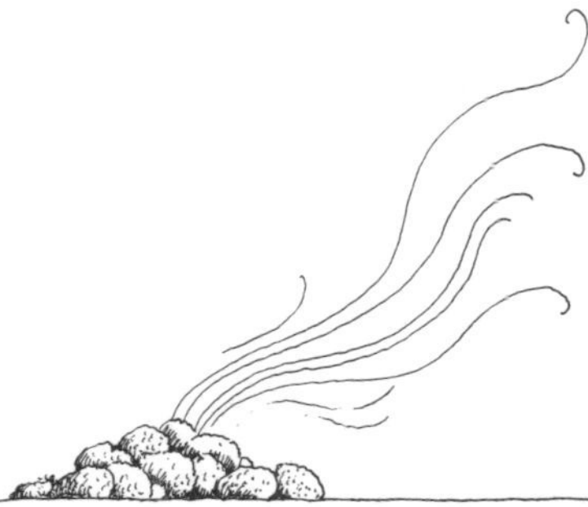

Wegen der Pferdeäpfel darf Letta Mitterdank nicht mit mir verkehren, und ich habe meinem Vater beinahe das Geschäft ruiniert. Weil er Kaufmann ist, muß er nämlich Geschäfte machen. Herr Mitterdank ist sehr reich. Wir sind auch reich, aber nicht sehr. Mitterdanks sind extra wegen unserer Fabrik nach Köln gekommen. Sie beteiligen sich daran.
Tante Millie hat gesagt, mein Vater würde nachts vor Sorgen keine Auge zutun, dabei kann sie das gar nicht wissen, weil sie ihn nachts nicht sieht. Aber meine Mutter hat es auch gesagt, und wenn Mitterdanks kämen, müßte ich mich anständig benehmen.
Mein Vater hat manchmal ein graues Gesicht – seine Augen sehen aus, als hätten Kreuzspinnen drauf gesponnen. Ich habe ihm eine Brieftasche geklebt aus feinstem Glanzpapier in Feuerrot mit kleinen Glücksschweinchen drauf, damit er lacht und sich freut. Aber er benutzt sie erst, wenn wir wieder mehr Geld haben.
Wenn wir bei Tisch sitzen und es klingelt, stöhnen alle, weil dann nämlich Herr Hornschuh kommt mit einem nackten Kopf wie ein Ei und langen, gelben

Papieren. Er ist sehr nett und zuckt mit seinen Schultern und sagt, es täte ihm selbst leid, und dann beklebt er unsere Möbel mit Marken. Elise sagt, sie kenne das, und es sei keine Schande heutzutage, es komme von Steuerlasten. Sie weiß das von ihrem Schutzmann.

Später werden unsere Möbel vielleicht fortgeholt, aber nicht die Betten. Ich bin froh, wenn das große Büffet fortkommt, dann kann ich im Wohnzimmer Kreisel spielen. Und wenn sie das Klavier holen, brauche ich keine idiotischen Etüden mehr zu üben, was ich hasse. Menschen werden nicht fortgeholt, nur Möbel, und das ist nicht schlimm.

Meine Mutter hat auch zu Tante Millie gesagt, ihr mache es nichts aus, sie könne sich in kleine Verhältnisse schicken – die Hauptsache sei immer, daß die Familie gesund und beisammmen sei. Tante Millie sagt, sie lasse sich nicht mehr auf der Straße sehen, weil die Leute mit Fingern auf sie zeigten. Das ist aber gar nicht wahr. Nur Ottchen

Weber macht ihr manchmal eine lange Nase, wofür ich ihm drei Pfennig gebe. Weil wir jetzt sparen müssen, tut er es umsonst.

Ich habe auch schon überlegt, was wir tun, wenn wir keinen Tisch mehr haben und keine Stühle. Dann mache ich ein Lagerfeuer im Garten, wir setzen uns alle drum herum auf die Erde – meine Mutter kann sich ein Kissen unterlegen – und rauchen eine Friedenspfeife und essen schweigend wie edle Mohikaner. Weil ich am besten Bescheid weiß, bin ich Häuptling, wenn mein Vater es mich sein läßt. Es wird wunderbar, und Hänschen Lachs sagt, er beneide mich geradezu.
Aber weil jetzt die Mitterdanks gekommen sind, werden unsere Möbel vielleicht doch nicht geholt. Es war furchtbare Aufregung zu Haus, immerzu sprachen sie von Mitterdanks. Die wollen auch in unserem Vorort ein Haus bauen – gleich am

Stadtwald, wo der alte Gutshof ist und die Kornfelder anfangen. Alte Forts sind auch da, es ist streng verboten, sie zu betreten wegen Lebensgefahr. Ich habe mit Hänschen Lachs und Ottchen Weber mal eine kleine Eule gefangen in den Forts. Sie hat in meinen Finger gehackt, daß Blut kam, und dann hat sie der Herr Kleinerz von nebenan dem Zoologischen Garten geschenkt und mir eine große Tüte voll Seidenkissenbonbons mit Nougatfüllung. Aber die Eule wäre mir lieber gewesen. Ich hätte sie riesenhaft groß gezogen, nachts glühen ihre Augen – ich hätte sie in Tante Millies Zimmer fliegen lassen.
Die hätte gedacht, der Teufel fliegt auf ihr Bett, und wäre abgereist.
Jetzt bauen diese Mitterdanks ein Haus bei den Forts.

Am Tag, bevor Mitterdanks kamen, sind Tante Millie und meine Mutter mit mir in die Stadt gefahren und haben mir im Kaufhaus Peters ein gesticktes Frotté-kleid gekauft in Hellblau und weiße Schuhe und einen weißen Batisthut. Trotzdem sie sonst immer sagen, das Schlechteste sei noch viel zu gut für mich, denn ich würde alle Kleidung ruinieren. Die anderen Kinder in meiner Klasse sind fast alle viel schöner angezogen, aber das ist mir egal. Ich hab am liebsten meine Matrosenbluse mit dem Gummizug um den Bauch, weil ich da alles reinstopfen und verstecken kann, was ich gerade finde: Äpfel und Marmeladengläser und Bücher und alles. Manchmal bin ich so dick wie ein Omnibus.

Sie haben meine Haare gebürstet und mich angezogen, und meine Mutter hat meine Backen geklopft, damit sie rot und blühend aussehen. Dann sind wir mit einem Auto ins Domhotel gefahren, weil Mitterdanks uns zum Mittagessen eingeladen hatten. Ein Mann wie ein Kapitän hat uns durch eine Tür gedreht, die war wie ein Kreisel. Wir sind über lange, rote Teppiche gegangen wie in einem Schloß. Ich kenne viele Schlösser, in den Sommerferien besichtigten wir manchmal welche. Aber dieses Domhotel ist ein Schloß und auch ein Restaurant. Ich kenne auch Restaurants, weil meine Mutter manchmal sonntags keine Lust zum Kochen hat, aber das waren dann nur Restaurants und keine Schlösser.

Meine Mutter zog mich an der Hand, die ganzen Wände in dem Domhotel waren aus Briefbeschwerern – mein Vater hat auch so einen –, nämlich aus Marmor. Meine Mutter hatte ihre wunderbare rosa Seidenbluse an, mein Vater hat sie ihr zum Geburtstag geschenkt, meine Mutter hat gesagt: aber Victor, du verwöhnst mich ja wie eine Prinzessin. Dem Trautchen seine Mutter hat nicht so eine schöne Bluse, aber meine Mutter ist auch viel schöner als die Frau Meiser.
Und wir sind auf den Teppichen gegangen – immer weiter, immer weiter, es war keine Straße, aber in den Wänden waren richtige Schaufenster mit silbernen Schuhen und goldenen Ketten und Broschen aus Diamanten. Mein Vater ist ruhig gegangen, er hat nicht mit uns gesprochen und hat weiß und lang und schwarz ausgesehen. Ich war viel zu bang, ihn Vati zu nennen – er war fast so streng und vornehm wie der Kellner im Gildehof, wenn er meiner Mutter und der Tante Millie ein Omelett mit Pilzen bringt und „gestatten Sie“ sagt. Ich wurde so aufgeregt, daß meine Mutter vorsichtshalber noch mal mit mir auf

die Toilette gegangen ist – da waren Büchsen und Kämme aus Silber und weit und breit Spiegel.

Und der Boden war so, daß man drauf schliddern konnte – aber dazu wurde mir keine Zeit mehr gelassen.

Wir saßen an einem Tisch, die Tapeten waren sanft und das Licht und die Teppiche und die Schritte von Kellnern und Leuten. Dicke Bäuche von Männern ruhten still in Sesseln und beachteten niemanden. Alles war leise. Nur das Tischtuch hat laut und weiß geglänzt und unsere Teller und die Servietten von den Kellnern, die sie um Weinflaschen banden.

„Sie erlauben, daß ich das Menü zusammengestellt habe", sagte Herr Mitterdank zu meiner Mutter und Tante Millie, die erlaubten es. Ich mußte mehrfach einen Knicks machen und wurde neben das Kind von Mitterdanks gesetzt, das Letta heißt und ins dritte Schuljahr kommt, wo ich jetzt schon drin bin. Ein schottisches Seidenkleid hatte dieses Kind an, und ein weißes Gesicht hatte es mit einem riesengroßen Kinn. Die Erwachsenen haben gesagt, wir sollten uns

anfreunden, aber das ging nicht, weil Letta nicht spricht. Ich dachte schon, sie wäre stumm, aber dann hat sie zu ihrer Mutter gesagt: „Mamaaa, ich möchte Briekäse, Briiieee-Käse.“
Dann kam für die Großen was auf den Tisch, ich konnte es einfach nicht glauben – nämlich Schnecken. Lauter richtige Schnecken in Schneckenhäusern. Nicht so niedliche Schnecken, wie sie auf unserem Weidenbaum im Garten herumkriechen, mit blanken, geringelten, kleinen Häusern – sondern größere, hellbraune, ich kenne sie vom Rhein her, da kleben sie an den Weinstöcken. Etwas Furchtbares passierte: mit seinen rosanen polierten Kissenhänden nahm der vollkommen runde Herr Mitterdank einen silbernen kleinen Zacken – und damit zog er die Schneckentiere aus ihrem Haus. Frau Mitterdank tat es auch. Mein Vater auch. Tante Millie und meine Mutter guckten, wie die anderen es machten – und dann taten sie's auch. Das darf man doch nicht, das darf man doch nicht. Nie haben meine Mutter und ich ein niedliches Schneckenhaus zertreten. Und immer hat meine Mutter gesagt, man müßte liebevoll

sein mit diesen zarten, ängstlichen Tieren. Wir haben zusammen im Garten gesessen, meine Mutter und ich – dann durfte ich manchmal ein Schneckenhaus auf ein grünes, gepflücktes Blatt setzen und mit meiner Mutter die Schnecke durch Gesang locken:

„Schneck, Schneck, komm heraus,
Strecke deine Fühler aus –
Zeig sie nur, du kleines Ding,
Und komm aus dem Haus geschwind."

Leise mußte man das singen und furchtbar oft. Dann ist die kleine Schnecke gekommen und zutraulich über das Blatt gekrochen, auf keinen Fall durfte sie angefaßt werden.

Und da haben sie im Domhotel die Schnecken aus den Häusern gebohrt – „Wenn man das nun mit Ihnen so machte", habe ich zu dem Herrn Mitterdank geschrien und mußte fast weinen. Sie haben nicht auf mich gehört und die Schnecken doch tatsächlich richtig in den Mund getan und runtergeschluckt. Meine Mutter hat es auch getan, da habe ich immer lauter geschrien und gesagt, sie müßten die Schnecken ansingen, und wenn sie dann gekrochen kämen, leben

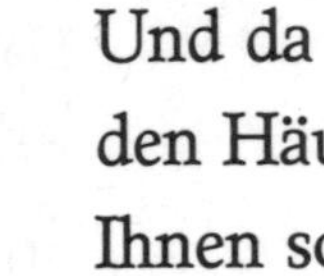

lassen. Aber du lieber Gott, Erwachsene sind ja so gemein und hinterlistig. Immer sagen sie zu Kindern und Tieren: komm, komm, komm – ich tu dir nichts. Und wenn man dumm ist und kommt, tun sie einem bestimmt was.
Meine Mutter hatte die erste Schnecke im Mund, als ich das Schneckenlied sang. Da ist sie ganz rot aufgequollen im Gesicht und hat ihr Taschentuch vor den Mund gehalten und ist raus zur Toilette. Aber wenn sie die Schnecke auch ins Klosett spuckt – lebendig wird so ein Tier doch nicht mehr.
Alle haben mich angesehen voll Wut, am meisten mein Vater. Ich kenne sein Gesicht, wenn er hauen will oder brüllen, und wollte gern fort sein. Ich hatte ja auch die Verabredung für den Pferdäpfel-Weltrekord in Schweinwalds Schrebergarten. Der Schweinwald ist Nachtwächter, und wenn er nicht schläft am Tag, trinkt er Bier in seiner Laube und ist nett. Hänschen Lachs und Ottchen Weber und ich sind mit den Schweinwaldskindern oft im Schrebergarten, und manchmal dürfen wir einen Schluck Bier trinken. Das schmeckt nicht so gut wie Himbeer-

limonade, aber wir trinken
aus der Flasche wie Männer,

die Häuser und Straßen bauen. Und dann ist doch dem Schweinwald ein Hund zugelaufen, der ist eine ganz struppige schwarze Kugel mit wütenden Augen. Er bellt wie rasend und beißt auch, alle haben Angst vor ihm. Herr Schweinwald hat ihn Maria getauft, denn so heißt seine Frau, und die wollte er mal ärgern, weil er sonst nicht gegen sie ankommt. Aber der Hund ist ein Mädchen. Alle haben Angst vor dem Hund, aber wenn man sein Herr ist, beißt er einen nicht, nur die andern. Wir wollten alle den Hund gern haben und sein Herr sein. Ich weiß auch schon, wen ich dann alles beißen lassen würde. Herr Schweinwald sagt, es handle sich um ein selten feuriges Tier – und wer den Rekord im Pferdeäpfel-Sammeln liefre, der bekomme die feurige, beißende Maria als Preis. Wir haben schon oft Pferdeäpfel auf der Straße gesammelt als Dung für Schweinwalds sämtliche Gemüsebeete. Und nun soll jeder einen großen Eimer kriegen, und wer ihn dreimal als erster voll hat, soll preisgekrönt werden.

Um drei Uhr mittags mußten wir alle vom Schweinwaldsgarten aus starten. Ich konnte darum nicht mehr in diesem Domhotel bleiben. Ich mußte fort, ich wollte gewinnen, ich wollte die feurige Maria. Und ich mochte auch nicht mehr bei den Erwachsenen sein, die Schnecken essen. Zwölf Stück hat Herr Mitterdank gegessen und Frau Mitterdank auch. Solche Schweine sind das. Hänschen Lachs hat auch gesagt, man müßte als Kind seinen Eltern den Verkehr mit solchen Leuten verbieten dürfen. Es ist nämlich auf Ehrenwort wahr, daß Eltern einem einen schlechten Umgang verbieten und dabei selbst viel schlechteren Umgang haben. Wir spielen bestimmt nur mit Kindern, die nicht gemein klatschen – die andern verhauen wir, wenn sie sich randrängeln.
Es ist nun auch so, daß Erwachsene immer furchtbar viel Geld brauchen. Als Kind hätte man ja manchmal Geld nötig für Luftschaukeln und Karussells und Bonbons. Aber wir kriegen fast nie Geld und spielen doch und haben so viel Spaß. Wenn die Erwachsenen aber nur ein bißchen Spaß haben wollen, dann kostet das sofort furchtbar viel Geld. Wenn sie abends mal

Wein trinken und rauchen, kostet es furchtbar viel Geld – Kränzchenkaffee kostet furchtbar viel Geld – wenn sie ausgehen, kostet es furchtbar viel Geld – und im Domhotel kostet es bestimmt auch furchtbar viel Geld. Die Frau Professor Lachs hat neulich zu meiner Mutter gesagt: „Wir können uns gar nichts Nettes mehr leisten, gar keine kleine Freude – es kostet zuviel." Wegen Geld müssen sie darum auch immer wieder mit fiesen Leuten verkehren. Hänschen Lachs sagt, manchmal könnten sie ihm leid tun. Ob wir denn auch später mal so werden?

Ich will gar nicht gern haben, daß diese Frau Mitterdank die Freundin von meiner Mutter wird, weil sie meine Mutter ja doch nicht liebt und gar nichts liebt. Sie ist vollkommen dünn mit fuchsigen Haaren und ganz dünnem Gesicht und einer gefährlichen Nase wie ein Hobelgriff und dünnem, gefärbtem Mund. Und mit blassen Augen, die ihr zu fein und zu tot sind, jemanden richtig damit anzusehen. So was ist doch nie eine echte Mutter von einem Kind, denn eine Mutter muß immer was sein wie ein Kissen, besonders vorne. Man kann ja sonst seinen Kopf nicht richtig wo ranlegen, wenn man mal weinen möchte bei seiner Mutter oder ein Geheimnis erzählen vor Weihnachten oder sonst. Nur einer Mutter, die wie ein Kissen ist vorne, kann man Geheimnisse sagen – nie würde ich es tun bei einer, die ist wie hartes Holz. Denn an so einer ist ja nirgends ein Versteck. Aber ich möchte auch nicht, daß meine Mutter dick wäre wie die Frau Meiser und so wie ein riesiger Globus.

Meine Mutter soll sein wie meine Mutter.

Mitterdanks haben uns ja immerzu Essen gegeben im Domhotel, aber sie waren bestimmt nicht gut mit uns. Meine Mutter und Tante Millie haben dauernd Frau Mitterdank angesprochen und ihr von den Theaterstücken erzählt in Köln und einer sehr praktischen Waschmaschine, und irgendwo wären sich die Männer doch alle gleich. Und später könne Lettachen mit mir denselben Schulweg machen und im Sommer mit mir in unserem Garten spielen, um rote Backen zu kriegen und braune Beine. Frau Mitterdank hat ihre Lippen etwas

bewegt und müde geguckt. Herr Mitterdank hat zu meinem Vater gesprochen mit feuchter, matter Stimme. Ich hab einfach gesagt, ich müßte schnell in die Handarbeitsstunde. Alle waren froh, daß sie mich loswurden.
Ich bin schnell noch mal zum Heinzelmännchenbrunnen gelaufen, den seh ich so gern. „Neugierig war des Schneiders Weib ..." Das dumme, fiese Weib hat alles versaut mit den Heinzelmännchen, indem es ihnen Erbsen gestreut hat – da sind sie hingefallen und wurden nie mehr gesehen, nachdem sie vorher sämtliche Arbeit für den Schneider heimlich getan haben. Das Weib ist so eine wie die Frau Mitterdank. Ich hab so oft gewünscht, Heinzelmännchen würden in der Nacht kommen und meine Schularbeiten machen und mein Handarbeitspensum. Ich hasse Handarbeiten. Zu Weihnachten soll ich immer für die ganze Familie Deckchen sticken, um meine Liebe zu beweisen, und dann werde ich doch nie fertig, und alle sind etwas gekränkt. Lieber würde ich zwanzig Gedichte aufsagen und alle Arten von Tieren für die Familie sammeln und heimlich unter

Gefahren Tannenzweige und ganze Weihnachtsbäume aus dem Stadtwald holen. Nur das bunte Perlgarn für die Handarbeiten kaufe ich gern, weil es sich so seidig anfühlt und so farbig leuchtet, daß es mich fröhlich macht. Wenn ich aber mal angefangen habe zu sticken, sieht nichts mehr schön aus.

Ich bin in die Straßenbahn gestiegen, die nach unserem Vorort fährt, und habe sofort ein ruhiges, bezahltes Gesicht gemacht, als ich mich hinsetzte. So, als hätt ich schon längst einen Fahrschein. Der Schaffner hat nichts gemerkt, und das gesparte Geld für den Fahrschein konnte ich gut gebrauchen.
Ich bin gefahren durch die engen Stadtstraßen in Grau – an Schaufenstern vorbei mit bunten Kleidern und Blusen. Meine arme Mutter bekommt immer Kleidungsstücke geschenkt, wenn ein Schenktag ist – nie mehr Spielzeug. Sie will auch keins mehr. Ich denke wirklich manchmal, für Erwachsene gibt es

keine Freude auf der Welt. Wenn ich ein Erwachsener bin, freue ich mich auch über kein Spielzeug mehr und will keine Rollschuhe, keine Kreisel, keine Reifen, keine Puppen und nichts. Wie soll ich denn dann nur leben, wenn ich mich über gar nichts mehr freue? Manchmal möchte ich weinen, weil ich erwachsen werde – manchmal möchte ich es ganz schnell sein. Aber wenn ich denke, daß ich dann immer nur nützliche Geschenke zu Weihnachten kriegen möchte wie Kleider und Taschentücher und riechende Seifen, dann bin ich traurig und mag nicht mehr froh sein.
Der Schaffner muß klingeln – ich guck aus dem Fenster: bald ist Ostern, in den Geschäften sind bunte Eier und kleine Hasen, große Hasen mit seidenen Schleifen. Ich habe zu Haus im ganzen dreizehn Puppen in allen Größen und neunzehn Stofftiere. So lange, wie ich lebe, will ich alle behalten und lieben.
Engländer steigen ein – wir haben Besatzung. Apfelsinen haben die Engländer und Custard Powder. Alle sprechen Englisch, als wenn nichts dazu gehörte, wir Kinder haben es auch schon gelernt. Ich kann sogar schon drei verbotene Flüche und das Lied von

„Little Tom Tucker“ und „To bed, to bed says sleepy head …“ Nach Uniform riechen die Engländer, nach Zigaretten und Pferden. Sofort rieche ich unter vielen Leuten einen Engländer heraus, ich brauche gar nicht hinzugucken.
Die Engländer sind keine Feinde mehr, wir haben nämlich Frieden und Butter und Fleisch und Ostereier aus Marzipan und Hasen aus Schokolade. Mit den Schokoladenhasen soll man kein Mitleid haben, man wird dann nur verdreckt und kriegt Krach. Letzten Sonntag hat der Onkel Halmdach mir nämlich einen Schokoladenhasen geschenkt, der war so niedlich und ein richtiges Tier mit fröhlichen Ohren. Ich mochte den Kopf nicht abbeißen und die Füße und den Schwanz auch nicht, weil es doch ein gutes, kleines Tier war. Und habe es immer mit mir rumgetragen und sah dann auf einmal aus wie ein Schwein, weil die ganze Schokolade zerflossen war. Ich habe meine Hände abgeleckt und meine Matrosenbluse, aber es hat mir nicht geschmeckt, weil ich an den Krach denken mußte, der kommen würde, und an das zerflossene Osterhasentier – ich hätte ihm gleich den

Kopf abbeißen sollen, wo es ja doch nichts anderes verträgt auf die Dauer. Aber ich will lieber immer Schokolade haben in der Form von Tafeln und Eiern. Schokolade soll nicht so was sein, das ich liebe. Schokolade soll etwas sein, das ich essen will, sonst nichts. Ich glaube natürlich längst nicht mehr an den Osterhasen, aber ich liebe ihn. Mein Vater liebt ihn auch, aber zu Weihnachten läßt er sich kleine Hasen schießen – ihr Bauch ist aus weißer Watte. Der Herr Gumpertz schießt die Hasen in der Eifel – mein Vater bezahlt sie, meine Mutter spickt sie, Elise sticht ihnen die Augen aus. Sie essen die Hasen, ich esse sie auch schon, mein kleiner Bruder ißt sie noch nicht. Sie essen die Schnecken, sie essen immerzu alles und erzählen Kindern, daß man Schnecken ansingen soll und Osterhasen lieben muß.

Ich weiß wirklich nicht,
warum sie nicht lieber
böse dicke Männer essen,
die sie nicht leiden können
und die nicht niedlich sind
und an denen auch mehr dran ist.

Glauben kann man überhaupt nichts mehr. Unsere Klassenlehrerin hat nach dem Waffenstillstand gesagt, wir sollten die Engländer fürchten und nicht beachten, weil sie mit dem perfiden Albion zusammenhingen. Wir sollten Würde bewahren und auch nicht mehr auf der Straße spielen. Sie dachte wohl, der Feind würde uns auf der Straße erschießen oder stehlen. Natürlich war wieder nichts davon wahr. Kein Engländer hat Interesse daran, Kinder zu stehlen, sie haben selbst welche. Sie verschenken sogar Kinder. Ich habe selbst gehört, wie Elise der Tante Millie erzählt hat, das Mariechen Heuser vom Hausmeister bekäme ein Kind von einem englischen Sergeanten. Elise weiß immer genau, was in der Nachbarschaft vorgeht. Das Mariechen ist groß und dick mit kunstvoll aufgetürmten Locken und mit roten Backen wie Mohnblumen. Jetzt weint sie manchmal, weil verschiedene Leute eklig zu ihr sind, denn man soll von den Engländern nichts annehmen und sich nichts schenken lassen aus Stolz. Dabei sind alle froh, wenn sie was kriegen.
In unserer Waschküche haben die Engländer eine

Kantine – da sind Hunderte von Kindern, immerzu, man kann sie nicht zählen. Sie essen echtes Weißbrot

mit Jam und nehmen Suppe mit, da sind richtige Fleischstücke drin – die Frau Meiser sagt, das wäre die reinste Friedensware. Und alle Mütter tun, als wüßten sie nicht, daß die Suppe von den Engländern ist. So war es auch mit den Briketts und den Rüben, die wir immer heimlich vom Güterbahnhof geholt haben.

Wir haben einen einquartierten Schotten in unserer Wohnung, er heißt Mac und noch was.
Ich bin sehr befreundet mit ihm. Er ist noch nicht furchtbar alt, aber doch schon zwanzig Jahre.
Er hat eine kleine Schwester in Oldham, das ist weit.
Er liebt auch keine Erwachsenen und hat mir hundert kleine schottische Wappen aus Seidenstoff geschenkt, die kriegt er als Zugabe bei seinen Zigaretten.
Ich nähe mir daraus eine Zeltdecke.

Als Mac zu uns kam, hatte ich zuerst Angst, wir sollten ja mit keinem fremden Soldaten sprechen, und

nie wollte ich es tun. Dann habe ich mal eben in sein Zimmer geguckt, als er zum Appell war. Da war doch wirklich der ganze Fußboden voll gewesen von Apfelsinen und Custard-Powder. Ein wahnsinniger Haufen lag in einer Ecke auf dem Boden. Mein Vater hat einmal mit der Hand Apfelsinen von Bäumen gepflückt – das gibt es, ich kann es nicht glauben. Man durfte sich ja nichts schenken lassen, darum habe ich mir einfach drei Apfelsinen so genommen und eine Büchse Custard-Powder – ich wußte nicht, was das war. Hänschen Lachs hat gemeint, da könnte man Pudding draus machen, aber genau gewußt hat er's auch nicht.
Bei Lachsens in der Küche wollten wir Pudding machen, als dort gerade niemand zu Haus war. Aber wir haben dann nur geklebt wie in einem Panzer, und die ganze Küche hat auch geklebt. Hänschen Lachs wollte später seiner Mutter sagen, wahrscheinlich wär der Kalk von der Decke runtergefallen. So was könnte doch möglich sein. Und die Mutter vom Hänschen glaubt sowieso immer alles, denn sie sagt, Hänschen wäre ihr Kind, und niemals würde ein Kind von ihr

lügen. Hänschen hat sehr viel Glück mit seiner Mutter, das sagt er selbst. Meine Eltern sind darin ganz anders und glauben mir nie, und am allerwenigsten glauben sie mir, wenn ich die Wahrheit sage. Die ist nämlich oft so komisch und so weit fort, daß ich stottre und ganz durcheinander denken muß und nicht mehr richtig weiß, wie es nun wirklich war, und dabei werde ich dann noch mit bohrenden und strengen Augen angesehen. Manchmal sag ich dann einfach: ja – und ich hätt's getan, nur damit sie aufhören mit ihren pikenden Augen und der Fragerei, und weil ich in dem Augenblick selbst nicht mehr weiß, ob ich's nun getan habe oder nicht. Einmal habe ich alle Liebesperlen aus meinem Kaufmannsladen in den Stadtwald getragen, weil ich sie in verschiedenen Vogelnestern verteilen wollte. Als ich keine Vogelnester fand, habe ich die Liebesperlen ins Laub gestreut. Ich fand die Liebesperlen so klein und so rot und silbern und bunt und dachte, sie wären was für kleine Vögel, sie paßten so zu kleinen Vögeln. So genau sage ich so was nicht zu andern, ich geniere mich, ich weiß auch nicht warum. Meine Eltern haben nach den Liebesperlen gefragt, und ich hab gesagt, ich hätte sie im Stadtwald im Laub verstreut. Zuerst hat meine Mutter mich gefragt, und sie wollte, ich solle zugeben, daß ich sie gegessen hätte. Ich habe aber weiter die Wahrheit gesagt. Dann hat mein Vater ernst mit mir gesprochen, und ich sollte es doch endlich zugeben. Da habe ich einfach überhaupt nichts mehr gesagt. Dann haben beide zusammen mit mir gesprochen, und da habe ich geweint und gesagt, ich hätte die Liebesperlen gegessen. Und sie haben gesagt, sie würden doch immer die Wahrheit rauskriegen. Dabei war es gelogen. Wenn ich wirklich lüge, wird es mir viel eher geglaubt, denn ich habe mir ja dann vorher alles ausgedacht und kann es besser erzählen. Warum darf man eigentlich nicht lügen? Ich habe einmal gefragt, aber das tu ich nie wieder, denn sie waren ganz entsetzt. „Weil es schlecht ist", haben sie geantwortet. Ja, aber warum ist es schlecht? Warum darf man denn nicht lügen? Eine Antwort geben sie nicht, aber sie lügen selbst.

Hänschen Lachs und ich wollten uns dann in unserer Höhle im Stadtwald einen Betonfußboden anlegen,

darum habe ich noch drei Dosen von dem Zement-Puddingpulver fortgenommen. Danach konnte ich die ganze Nacht zuerst nicht schlafen, denn ich hatte Angst, vor das Kriegsgericht zu kommen wegen Diebstahls von militärischen Eßwaren. Dann wäre ich natürlich erschossen worden.
Aber am andern Tag ist Mac gekommen, ich hab mit ihm gesprochen, und er wollte, daß ich alle Apfelsinen essen sollte – so viel, wie ich wollte, obwohl sie ihm eigentlich auch nicht alle richtig gehörten. Millionen Apfelsinen durfte ich essen, dafür wurde ich Lehrerin und mußte Mac Unterricht in Deutsch geben. Ich hatte nie mehr Zeit für Schularbeiten, weil ich ja unterrichten mußte. Jetzt kann er schon die erste Strophe von „O Tannenbaum, o Tannenbaum, wie grün sind deine Blätter…" auf deutsch und auswendig. Aber er versteht die Bedeutung noch nicht richtig und denkt, unsere Elise würde so heißen. Denn er hat in der Küche ihre Hand genommen und „o Tannenbaum" zu ihr gesagt. Ich lasse ihn jetzt das Gedicht lernen „Herr Heinrich sitzt am Vogelherd". Was ein Vogelherd ist, weiß ich nicht – andere Leute,

1918
1918
Anis
zur

die ich gefragt habe, wußten es auch nicht. Der Herr Heinrich ist ein König, das kommt zum Schluß raus. Man braucht gar nicht immer alles zu wissen, man muß es nur können.

Und ich habe Apfelsinen gegessen von morgens bis abends, und ins Bett habe ich auch welche mitgenommen. Dann verdarb mein Magen. Ich konnte überhaupt nichts anderes mehr essen, weil ich immerzu Apfelsinen essen mußte. Ich habe eine Glanzpostkarte von meinem Vater, er hat sie an mich geschrieben aus Amerika, da konnte ich noch nicht lesen. Auf der Karte fährt eine Lokomotive durch lauter Bäume mit Apfelsinen. Wenn ich groß bin, fahre ich da hin und nehme meine Mutter mit. Ich werde auf dem Trittbrett von der Lokomotive stehen und immerzu für meine Mutter Apfelsinen pflücken in rasender Fahrt. Meine Mutter wird weinen, weil

ich so gefährlich auf dem Trittbrett eines rasenden Zuges lebe, und mein Vater wird mich bewundern und Angst haben zu schreien: „komm da mal runter“

– weil ich dann stürze. Vielleicht werde ich auch mondsüchtig, das ist ganz was Besondres.
Alle, alle Apfelsinen sind ein kleiner Mond. In der Schule singen wir immer: „Guter Mond, du gehst so stille ..." Viele kleine Monde gingen in meinem Bauch. Aber Tante Millie hat gesagt, mein verdorbener Magen käme davon, daß ich abends immer heimlich im Bett lesen würde.

An alles mußte ich denken, als ich mit der Straßenbahn vom Domhotel fuhr zu den Schweinwalds, um die feurige Maria zu gewinnen. Ich kam noch gerad eben zurecht, meinen Batisthut hab ich dem Herrn Schweinwald zum Aufbewahren gegeben, die Frau Schweinwald hat mir noch schnell eine Schürze von sich umgebunden – die war so lang, ich fiel dreimal hin.
Man muß die Quellen von den Pferdeäpfeln kennen, es gibt nicht viel Pferde mehr, überall sind Autos, von denen ist Dung nicht zu kriegen. Ich raste zum alten Gutshof, Hänschen Lachs auch. Hänschen Lachs raste

zur Brauerei, ich auch. Wir belauerten die Pferde von hinten und haben zweimal mit vollen Eimern gewonnen vor Ottchen Weber und Schweinwalds Alois. Alles war noch unentschieden zwischen Hänschen und mir, und wieder rasten wir los. Wir kämpften gegeneinander und um die feurige Maria, und im Kampf liebt man sich nicht und fühlt keine Freundschaft. Ich rannte zum alten Gutshof, es ärgerte mich, daß Hänschen Lachs gleich wieder hinter mir herlief, trotzdem er doch mal für sich allein einen neuen Fundplatz suchen konnte. Weil ich nämlich gut bekannt bin mit einem Arbeiter vom alten Gutshof, hatte der mir heimlich versprochen, einen Haufen Pferdeäpfel vor dem Tor für mich zusammenzuscharren. Er hatte es auch getan – und ich habe den Haufen auch zuerst gesehen. Aber Hänschen Lachs schrie, er hätte ihn zuerst gesehn, und dann stürzten wir beide wütend drauf los. Später hieß es

dann, wir hätten uns in die Pferdeäpfel geworfen wie die Ferkel und nicht wie menschliche Kinder. Kein Wort davon stimmte. Direkt vor dem Haufen stießen Hänschen Lachs und ich mit voller Wucht aufeinander und fielen in den Haufen rein. Sofort standen wir wieder auf und hörten einen widerlichen Schrei: vor uns stand Tante Millie, und daneben standen meine Eltern, das schlafende Kind Letta und die Mitterdanks. Die Stelle, wo sie später ihr Haus bauen würden, hatten sie sehen wollen, und nun sahen sie uns.

Natürlich kann man nicht die Haare gekämmt haben und sehr ordentlich und sauber aussehen, wenn man mitten im Kampf von einer Wette ist. Mein Vater wollte am liebsten tun, als kennte er mich nicht näher und als wär ich gar nicht sein Kind. Aber die Mitterdanks kannten mich ja schon vom Mittagessen her. Frau Mitterdank sagte: „gräßlich“, und Letta sollte nicht so nah an mich rangehen – so als wenn ich das spuckende Lama aus dem Zoologischen Garten wäre. Dann schrie mein Vater, und ich sollte alles erklären. Ich sagte nichts, man kann einem Wütenden nämlich

gar nichts erklären, weil er dann nur noch wütender wird. Hänschen Lachs stand neben mir und trat mich tröstend gegen's Schienbein. Dann hörte ich auf einmal hinter mir so ein leises, hinterlistiges Geräusch, ich dreh mich um – und seh doch wahrhaftig Schweinwalds Alois, wie er ganz gemein aus Hänschens Eimer und aus meinem Pferdeäpfel in seinen Eimer reinschaufelt. Also, da konnte ich mich nicht mehr halten. Schweinwalds Alois raste fort – mir war jetzt alles egal, ich raste hinterher, Hänschen Lachs auch.
Nur durch die blödsinnige Aufregung mit den Erwachsenen habe ich knapp verloren. Es ging auch nicht alles ganz gerecht zu. Hänschen Lachs hat die feurige Maria gewonnen. Er mußte sie aber schon wieder zurückbringen, weil sie seinen Vater in die Hand gebissen hat, als er Hänschen verhauen wollte. So ein wunderbares Tier.
Am Abend war ziemliche Aufregung bei uns. Hänschen kam und Professor Lachs, der hatte die Hand verbunden wegen dem Hundebiß und sah ernst aus. Der Herr Kleinerz von nebenan war auch da.

Mein Vater war etwas besser gelaunt, weil Herr Mitterdank Gott sei Dank keinen Anstoß an mir genommen hatte, nur seine Frau – vielleicht könnte man sie später mal beißen lassen.

Dann wurde eine Frühlingsbowle gemacht zur Erfrischung von Professor Lachs. Meine Mutter sagte, der Herr Schweinwald wäre ein ganz listiger Bursche, so wie er die Kinder sich zunutze machte. Und es kränkte sie, daß ich für fremde Leute immer mehr übrig hätte und immer zu faul wäre, ihr in ihrem Garten zu helfen. Sonst könnte sie das mit dem Dungsammeln nicht weiter schlimm finden – es paßte gar nicht in die Zeit, wenn ein Kind ein verfeinerter Snob würde. Herr Kleinerz rief auch, es kränkte ihn, daß ich nie an seinen Garten gedacht hätte. Mein Vater seufzte und sagte, er glaube nicht, daß gefährliche verfeinerte Anlagen zum Snobtum in mir wären – aber es würde auch nicht in die Zeit passen, wenn ich mich aufführte wie das verwilderte, verwahrloste Kind einer Marketenderin im Dreißigjährigen Krieg. Was müssen diese Kinder für ein schönes Leben gehabt haben, ich hätte gern mehr darüber gehört. Aber mein Vater sagte nur noch, ich sollte mich nicht etwa unterstehen, jemals mit diesem verkommenen Köter von Schweinwalds anzukommen. „Ein wahrer Höllenhund", sagte Professor Lachs, und alle sahen Hänschen und mich an. Wir werden nie gerne angesehen, aber nun freuten wir uns, daß nichts Schlimmeres passierte. Wir liebten alle und versprachen, auf jeden Fall gesitteter zu werden, und ließen Professor Lachs erzieherisch auf uns einwirken. Er haut nämlich fast nie und wirkt hauptsächlich erzieherisch auf Kinder ein, indem er ihnen aus der Zeitung vorliest – und das ist bestimmt auch viel besser und erzieherischer für ein Kind als eine andere Strafe.

Professor Lachs las vor aus der Verbrecherchronik, und daß die gesamte Polizei hinter einem Fassadenkletterer her ist, bald werden sie ihn haben. Dieser Fassadenkletterer war von jeher ungezügelt und irregeleitet und wurde dann zu einem Schädling und Verbrecher. Er spielt mit seinem Leben und schwingt sich über Dächer, und kein Haus ist ihm zu hoch, keine

Wand zu glatt und zu steil. Professor Lachs hatte gelesen mit einer Stimme wie ein ernstes, mahnendes Gewitter und sah uns an. Alle sahen uns an und nickten mit dem Kopf. Wir nickten auch, und da seufzten sie alle und tranken Bowle.

Wir haben ein einsames Haus
am Stadtwald entdeckt
– Hänschen Lachs,
Ottchen Weber und ich.
Da spielen wir jetzt jeden Tag
Fassadenkletterer – es ist herrlich,
wir hatten lange nicht mehr
so ein schönes Spiel.
Neulich sind Ottchen Weber
und ich die Dachrinne hoch-
geklettert und fast bis zur dritten
Etage gekommen, und Hänschen
Lachs ist gestern aus dem Fenster
vom Hochparterre gefallen,
dabei ist dummerweise seine Hose
kaputtgegangen.

Ich habe jetzt auch die feurige Maria bei uns zu Haus, aber es weiß noch keiner. Ich habe ihr ein Lager auf dem Speicher gemacht und hole ihr jeden Tag aus Breuers Gasthof Knochen und Essen. Ich kriege da so viel, wie ich will. Mittags, wenn sie zu Haus alle schlafen, hole ich die Maria runter und laufe mit ihr ins Stadion. Sie gehorcht mir vollkommen, aber zu Haus haben sie jetzt schon einen Hund bellen gehört und konnten es sich nicht erklären.

Ohne die feurige Maria will ich nicht mehr leben, und ich habe einen Plan gemacht, daß man sie mir läßt. Nächstens werden Hänschen Lachs und Ottchen Weber und ich mal in der Dunkelheit an unserer Wohnung rumklettern und verdächtige Geräusche an den Fenstern machen, daß sie denken, es handle sich um den Fassadenkletterer. Und danach werde ich ganz ruhig kommen und aus der Zeitung vorlesen, daß nur ein scharfer Wachhund das menschliche Leben sichern kann. Tante Millie und meine Mutter werden das sofort einsehen und meinen Vater bereden. Dann bringe ich die feurige Maria als

Retterin der Familie und sage, ich hätte sie schon bei Schweinwalds dressiert.
Ich dressiere sie nämlich wirklich für wichtige Fälle. Ich will sie bald mal mit in die Schule nehmen und dann mit ihr zur Direktorin gehen und fragen, ob ich versetzt werde. Dann wird die Direktorin anfangen, daß es mir leider an Reife mangle, mein Betragen sei entsetzlich und mein Fleiß und … Ich gebe der feurigen Maria einen kleinen Stups, die glüht dann und sprüht dann und sträubt ihre Haare und knurrt wahnsinnig und fletscht die Zähne

– „mein liebes, liebes, gutes,
fleißiges Kind“,
wird die Direktorin rufen,
„mache dir keine
Gedanken, du Artige,
natürlich
wirst du versetzt.“

Ich hätte für solche Fälle schon lange gern
einen Königstiger gehabt oder ein Löwen,
aber die feurige Maria
kann noch viel dumpfer
und unheimlicher knurren
als ein Löwe und noch viel,
viel böser und gefährlicher aussehen.

Tafel 12
Salon
Zeitung

Tafel 13 — Flugblatt

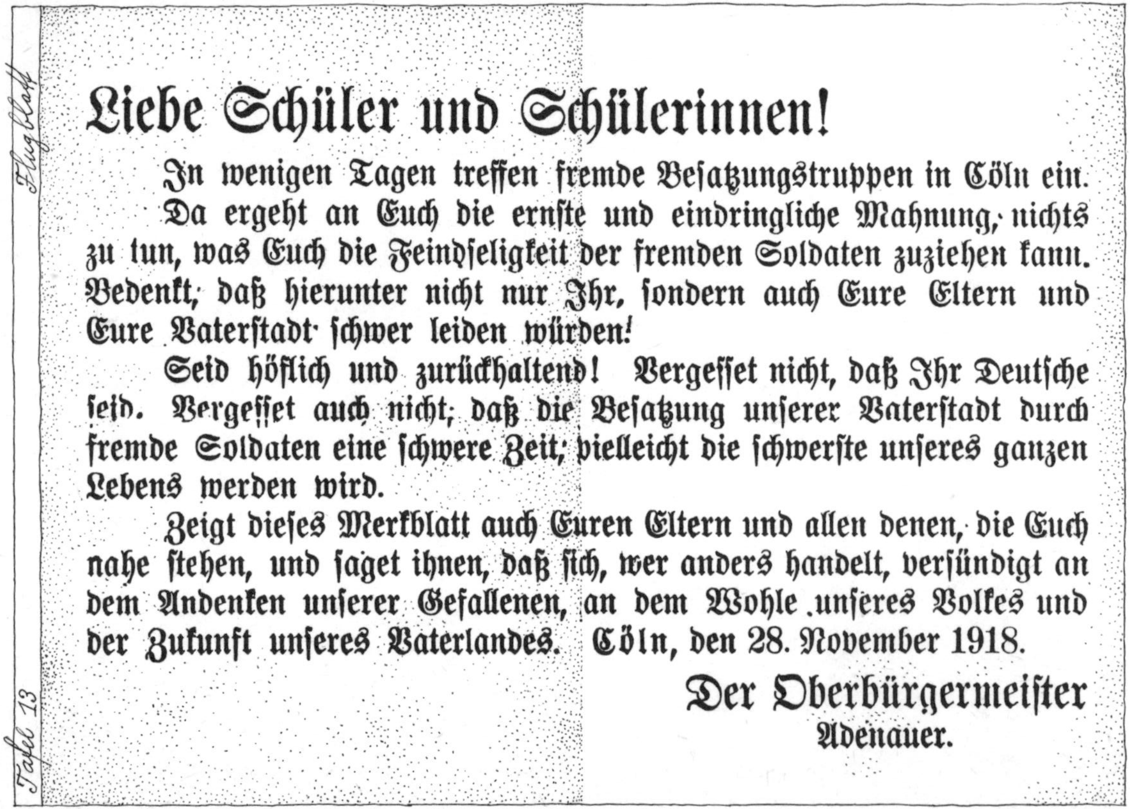

Liebe Schüler und Schülerinnen!

In wenigen Tagen treffen fremde Besatzungstruppen in Cöln ein. Da ergeht an Euch die ernste und eindringliche Mahnung, nichts zu tun, was Euch die Feindseligkeit der fremden Soldaten zuziehen kann. Bedenkt, daß hierunter nicht nur Ihr, sondern auch Eure Eltern und Eure Vaterstadt schwer leiden würden!

Seid höflich und zurückhaltend! Vergesset nicht, daß Ihr Deutsche seid. Vergesset auch nicht, daß die Besatzung unserer Vaterstadt durch fremde Soldaten eine schwere Zeit, vielleicht die schwerste unseres ganzen Lebens werden wird.

Zeigt dieses Merkblatt auch Euren Eltern und allen denen, die Euch nahe stehen, und saget ihnen, daß sich, wer anders handelt, versündigt an dem Andenken unserer Gefallenen, an dem Wohle unseres Volkes und der Zukunft unseres Vaterlandes. Cöln, den 28. November 1918.

Der Oberbürgermeister
Adenauer.

Tafel 14

Tafel 15/16

... dicke Bäuche von Männern ruhten still in Sesseln ...

Tafel 17
Domhotel Luftbild

Tafel 18 Heinzelmännchenbrunnen Köln a. Rh.

Tafel 19
für die Jugend
Froschhaus
Posaunenharmonika
Soldat, Gummi
Schreiblase, seufzt, wenn die Luft ausgeht
Dreirad mit Pferd
Plüschkatze
Plüschäffchen
Kinematograph
hochfeines Kinderauto

Tafel 20

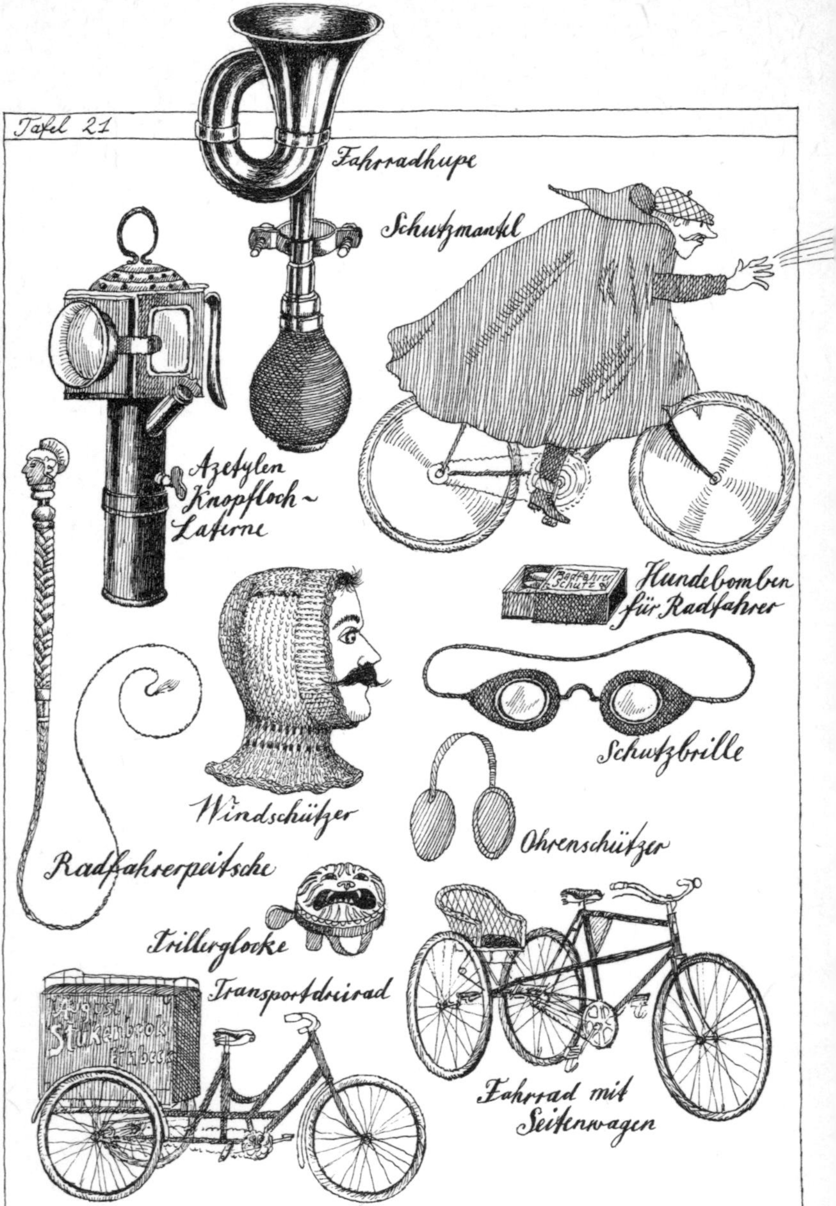
Tafel 21
Fahrradhupe
Schutzmantel
Azetylen Knopfloch-Laterne
Hundebomben für Radfahrer
Radfahrer Schutz
Windschützer
Schutzbrille
Ohrenschützer
Radfahrerpeitsche
Trillerglocke
Transportdreirad
August Stukenbrok Einbeck
Fahrrad mit Seitenwagen

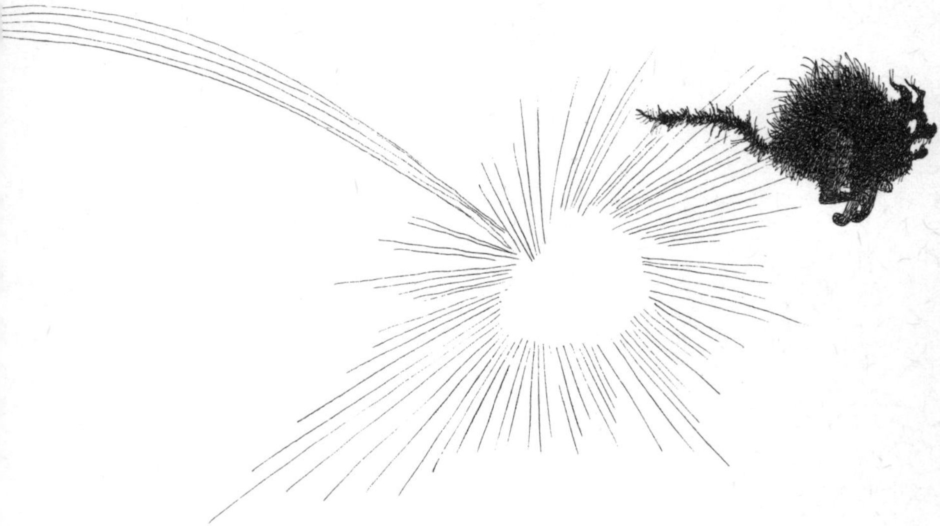